Henri BRÉMOND

Méditation sur la Sainteté
et la Vie des Saints

PARIS
VVE CH. POUSSIELGUE
15, RUE CASSETTE, 15

1906

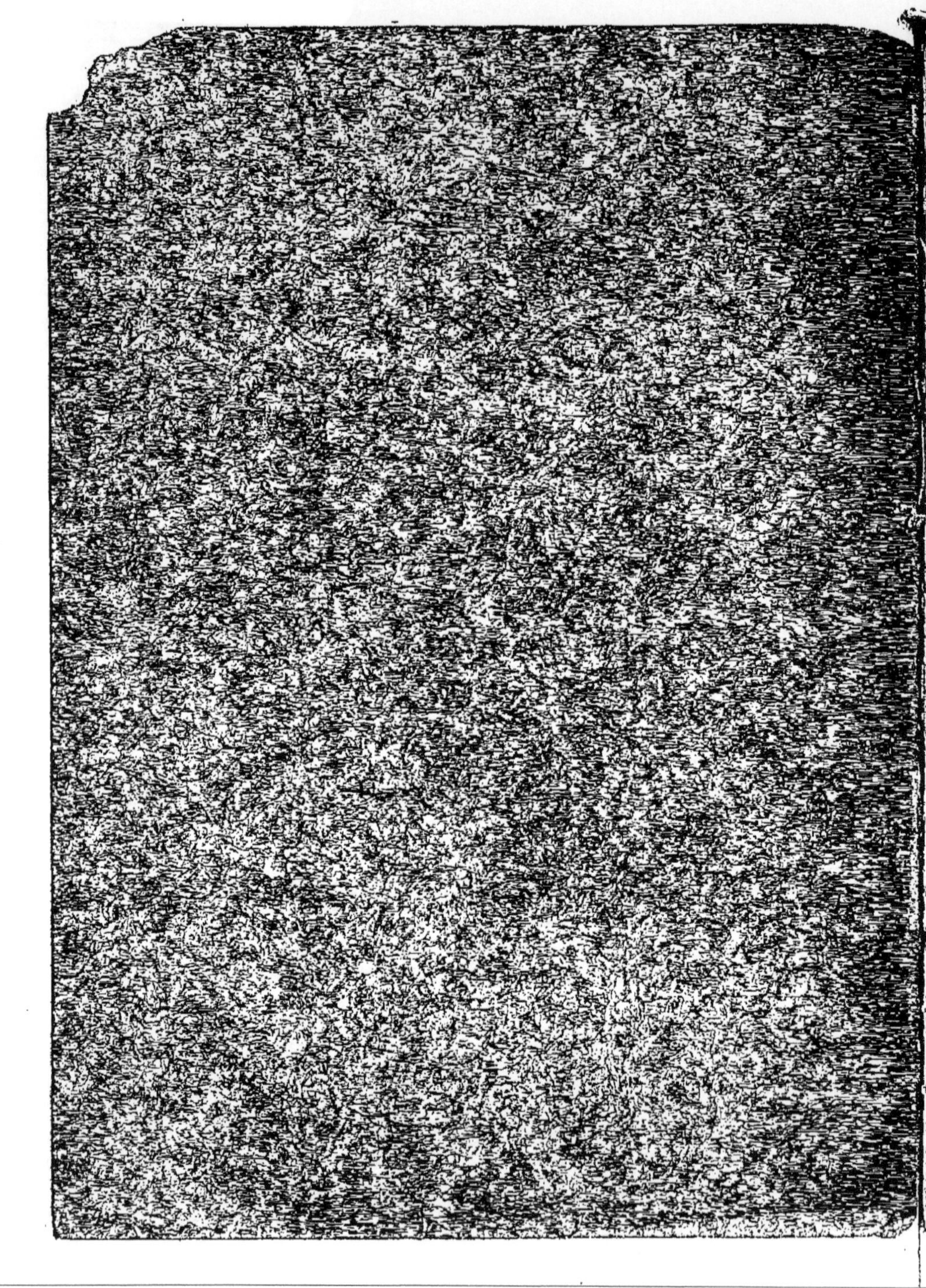

MÉDITATION

SUR LA

Sainteté et la Vie des Saints

D

1

85886

OUVRAGES DU MÊME AUTEUR

L'Inquiétude religieuse (Perrin).
Ames religieuses (Perrin).
L'Enfant et la vie (Retaux).
Thomas More (Lecoffre).
Newman. — Essai de biographie psychologique (Bloud).
Le charme d'Athènes (Sansot).
L'Évolution du clergé anglican (Bloud).
La Littérature religieuse d'avant-hier et d'aujourd'hui (Bloud).

DANS LA COLLECTION « la Pensée chrétienne »

Newman. — *Le Développement du dogme chrétien,* avec préface de Mᵍʳ Mignot.
Newman. — *La Psychologie de la Foi.*
Newman. — *La vie chrétienne.*

Henri BREMOND

Méditation sur la Sainteté
et la Vie des Saints

PARIS

Vᵛᵉ CH. POUSSIELGUE

15, RUE CASSETTE, 15

—

1906

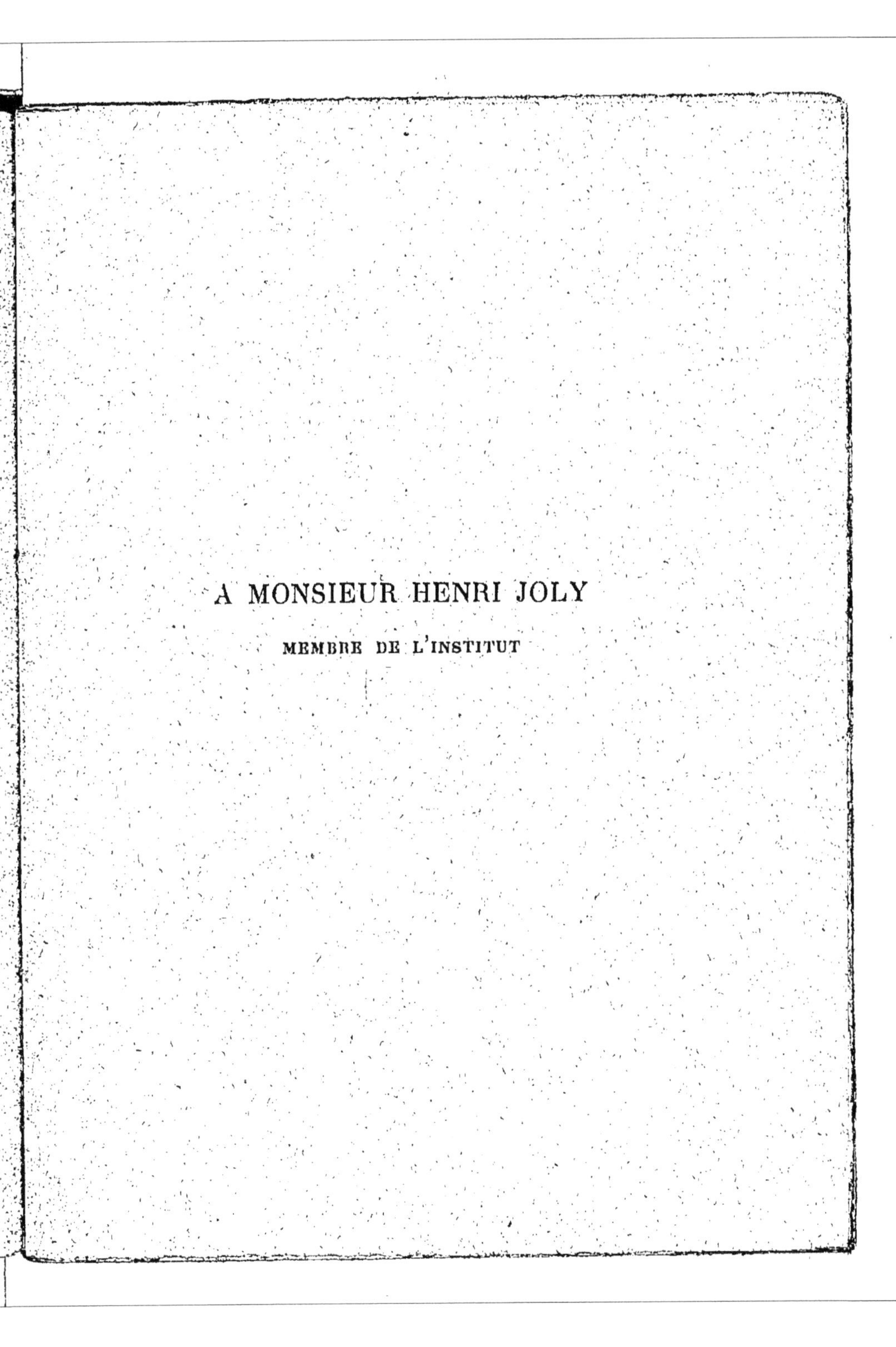

A MONSIEUR HENRI JOLY

MEMBRE DE L'INSTITUT

AVANT-PROPOS

Il y a quelques années, parcourant la
Toscane, en quête de matériaux pour
une histoire de la vie intérieure au temps
de Savonarole, j'eus plusieurs fois l'occasion de visiter, dans leur détresse, des
communautés expulsées de France qui
tâchaient, péniblement, de trouver au
jour le jour, quelques ressources, et de
garder autant que possible les habitudes
régulières des jours heureux. De Florence, où, dans une chambre pitoyable,
nue, froide et laide, transformée en cha-
pelle, je disais la messe devant quatre

religieuses devenues, pour lors, maîtresses de français et de piano, je partais souvent pour ce délicieux couvent de Prato où presque rien n'a été changé depuis la mort de sainte Catherine de Ricci. Mais la pénible vision du matin ne s'effaçait pas en route et la pensée de ces courageuses femmes me poursuivait jusque dans la cellule de la sainte. Pensée triste, mais joyeuse aussi. Là-bas, ce campement de misère, ici la paix enveloppante de ce cloître, dans ces deux cadres si différents s'épanouissait la même fleur éternelle et ces allées et venues me faisaient comme toucher du doigt la chaîne souple et solide qui rattache les vertus d'aujourd'hui à la sainteté du passé. A la marge des feuilles

où je notais les variantes de la légende
de sainte Catherine, j'esquissais la
légende que d'autres saintes vivaient
sous mes yeux. Puis naturellement,
l'idée me vint que cette légende de l'exil
n'était qu'un tout petit chapitre de l'humble et merveilleuse légende à laquelle
travaillent autour de nous des milliers
de saints inconnus. Les simples pages
qu'on va lire pourraient servir de préface à cette légende. C'est une sorte de
méditation sur la sainteté et la vie des
saints. Il y a deux points dans cette méditation. Dans le premier point je ne fais
que répéter, en l'adaptant à notre siècle,
une parole célèbre du père de Condren.
Cet admirable directeur aimait à dire
« que ce dernier siècle, c'est le *grand*

siècle à son aurore », était le siècle des saints et ne le cédait en rien aux premiers temps de l'Eglise et qu'il y en avait tant et plus, mais que leur grâce était la vie cachée. Le second point ou, si l'on veut, la conclusion pratique, s'adresse à tous ceux qui ont, qui pourraient ou qui devraient avoir la vocation d'hagiographe. Après la sainteté elle-même, est-il vocation plus belle ! J'essaie d'orienter leur curiosité sur les plus humbles manifestations de la vie intérieure et je les mets en garde contre certaines routines qui entravent, aujourd'hui encore, l'hagiographie. Qu'il s'agisse de la vivre ou simplement de la raconter, cette légende d'argent est à la portée des âmes les plus timides et des plumes les moins exercées. Il m'a

semblé que le premier prédicateur venu
pouvait sans outrecuidance la proposer
aux fidèles et qu'il n'était pas besoin
d'être savant pour en ébaucher la préface.

Méditation sur la Sainteté et la Vie des Saints [1]

« Dieu parle encore aujourd'hui comme il parlait à nos pères... » [2] Dans la littérature spirituelle, je ne connais rien de plus beau que la page du P. de Caussade qui commence par ces paroles et je voudrais, plus encore que ce grand style, avoir cette tranquillité, ardeur et transparence de foi pour écrire, sur un sujet tout voisin, des réflexions analogues. Si Dieu parle aujourd'hui encore,

(1) Ces pages sont extraites de la *Revue du clergé français* où elles ont paru sous le titre de *Légende d'argent* (1ᵉʳ novembre 1904).
(2) J.-P. DE CAUSSADE, S. J., *Traité de l'abandon à la Providence divine.*

il trouve sans doute comme autrefois des âmes qui lui répondent. Il en trouvera toujours et les saints ne manqueront jamais à l'Eglise. Mais nous ne savons pas les voir. La plupart d'entre nous, convaincus que dorénavant Dieu garde le silence, pensent que le temps des vertus héroïques est passé et que les chrétiens d'autrefois ont tourné la dernière page de la légende des saints.

Ce mot seul de légende nous fait sourire de tristesse. C'est si loin tout cela et c'était si beau ! Non, notre pauvre temps n'est plus fait pour ces merveilles, et sur nos routes qu'épouvante le fracas des automobiles, les *fioretti* ne trouveraient plus un coin de fraîcheur pour s'épanouir. Soit, mais pourtant qu'on le remarque : en variant, selon les époques, les symboles de progrès matériel et de prose, on a toujours, plus ou moins, parlé de la sorte, toujours reculé l'âge d'or de la foi et de la charité chrétienne jusqu'aux frontières incertaines du « bon vieux temps ». Pascal montrait déjà la part d'illusion qui se mêle à de tels regrets. « Ce qui nous gâte, disait-il, est qu'ordinairement on regarde saint Athanase, sainte Thérèse et les autres comme couronnés de gloire et agissant avec nous comme des dieux. A présent que le temps a éclairci les choses, cela paraît ainsi, mais, au temps où on le persécutait, ce grand saint *était un homme qui s'appelait Athanase...* »

Ce grand saint était un homme... Oh !

que cela est donc vrai et que nous avons de peine à le comprendre! Une personne, d'ailleurs sage, et qui avait ardemment désiré de passer quelques heures dans la compagnie de dom Bosco, revint un peu déconcertée de ce que le saint homme eût fait cordialement honneur à un bon repas. Qu'aurait-elle donc pensé si elle avait lu les délicieuses lettres de sainte Catherine de Ricci à son frère Vincent et constaté qu'entre deux extases, la chère sainte pouvait parler de « poutargue » et de « biscottins » ? Une sœur du monastère de Prato, étroite et timorée, s'était d'ailleurs bien gardée, en recopiant ces lettres, de transcrire tous les termes dont Catherine s'était servie. Sous sa plume pudibonde, les *tu* se changent en *vous*, et les chaussons *col taffeta* deviennent des *vanita* (1). Ne la raillons pas trop fort, puisque aussi bien, nous faisons comme elle, nous tous qui demandons à la sainteté de ne jamais toucher terre et qui refusons de la reconnaître quand la pauvrette vient à nous sans ombre de parure archaïque et parle la langue de notre temps.

Aussi bien, si l'on excepte certains cas, en somme très rares, où les miracles rendaient sa trace lumineuse, la sainteté s'est toujours cachée. Peut-être aujourd'hui, où il y a, dit-on, moins de personnes capables de comprendre son secret, se cache-t-elle encore avec plus de soin.

(1) *Le Lettere di S. Caterina de Ricci*, édit. Guasti, Gherardi, Florence, 1890.

Mais enfin elle vit toujours, elle est partout, elle nous entoure et ceux qui l'ont rencontrée et reconnue savent bien qu'elle n'a rien perdu de son charme ni de sa beauté.

Tous peuvent la voir, mais c'est la grâce, la force et la confusion du prêtre d'être en quelque sorte obligé de converser familièrement avec elle. Chacun de ceux qui ont pris la peine — est-ce une peine, grand Dieu ! — de se pencher attentivement sur les âmes, a dû, bon gré, mal gré, reconnaître cette splendeur qui n'est pas de la terre. Pour le reste, nous ne sommes que des témoins à distance, témoins de témoins, qui, sur la foi d'autrui, nous passons de main en main le dépôt de la tradition. L'histoire divine

que nous racontons, nos yeux ne l'ont pas
contemplée, elle est pour nous un objet
de foi, mais quand il s'agit de rendre
témoignage aux fidèles qui continuent en
ce monde la vie du Christ, quelle diffé-
rence ! *Et vidimus, et testamur*. Nos yeux,
nos pauvres yeux, habitués à d'autres
spectacles, ont vu le visage des saints,
nos oreilles ont reçu leurs confidences,
et nos mains exigeantes ont pu, souvent,
palper le mystère : *quod audivimus, quod
vidimus oculis nostris, quod perspeximus,
et manus nostræ contrectaverunt de verbo
vitæ !*

Eh bien ! qu'on me laisse le dire, ce
témoignage, dont le monde aurait tant
besoin, nous ne l'avons pas assez rendu.
Est-ce un excès de réserve, est-ce la peur

de livrer les choses de Dieu à l'intelligence moqueuse de notre temps ? non, puisque habituellement nous avons parlé. Mais nous ne l'avons pas fait de manière à rendre évidente aux plus incrédules cette survivance actuelle, contemporaine de Notre-Seigneur. Simple défaut de méthode que le premier venu peut indiquer.

La première erreur de ces témoins modernes de la sainteté, est la longueur démesurée de leur témoignage. Pour les saints d'aujourd'hui, moins fortunés que saint François ou saint Dominique, l'*in-8°* s'impose, les deux volumes sont de rigueur. Ni la crise de la librairie, ni la grève des lecteurs, ni l'exemple précieux et charmant des petits livres bleus de

M. H. Joly, rien ne peut arrêter cette fécondité redoutable. Nous avons des vies en trois volumes. On va plus loin en Angleterre. Sans les menaces d'un gouvernement persécuteur, nous dépasserions les Anglais.

On l'entend du reste, ce regret ne vise aucunement les vies de saints qui sont en même temps des livres d'histoire générale. Personne n'a trouvé trop longs les deux volumes de M. Vacandard sur saint Bernard, et, s'il vient jamais, nous ne marchanderons pas notre attention au biographe de saint François de Sales. Mais, tous les saints, même comme saints, n'ont pas une même importance. A vertus peut-être égales, il en est, si je puis dire, de moins représentatifs et on rend

à ceux-ci le pire des services en les ense-
velissant sous le poids de biographies
interminables. Les saints ressemblent
sur ce point aux autres hommes. Tous ne
sont pas intéressants au même degré.
Certains — et c'est le grand nombre —
n'ont qu'un ou deux mots à nous dire,
parfois même qu'un geste à faire, comme
ces gardes-barrières qui abaissent leurs
petits drapeaux sur le passage des
trains.

Pour certains, un don de nature ou de
grâce, un sourire de l'esprit ou du cœur
nous ramène toujours à eux. Nous ne
nous lassons pas de les entendre. Sainte
Thérèse est du nombre, mais d'admi-
rables fondatrices ou réformatrices n'ont
pas reçu ce rayon, et quoi qu'en pensent

leurs biographes, les minuties de leur histoire ne le leur donneront pas.

On dira : pourquoi vous en prendre à ces biographes ? Le but que vous cherchez n'était pas le leur. Qu'arrive-t-il en effet ? Une congrégation charge quelqu'un d'écrire l'histoire de la fondatrice ou de telle religieuse éminente. On écrit donc pour le couvent même, pour celles qui ont connu l'héroïne, ou qui, du moins, veulent se pénétrer, le plus possible, de son esprit. Dans des conditions semblables, il n'est pas d'anecdotes insignifiantes, les plus humbles minuties ont une valeur.

Cela n'est pas tout à fait sûr et j'ai, pour ma part, quelque peine à croire que ce livre dûment ennuyeux pour le chrétien honnête homme, puisse faire les délices d'une lecture de couvent. L'expérience, si besoin est, a souvent prouvé le contraire. Mais je veux que la remarque soit juste, elle ne vous couvre pas tout à fait. Ces deux volumes, polis et repolis, édités avec amour, ces gravures, ces autographes, de bonne foi, tout cela, dans votre pensée, ne s'adresse-t-il pas un peu, beaucoup peut-être, au grand public? Et pourquoi vous en défendre! Vous aimeriez mal votre sainte, si vous ne la vouliez connue de tous. Et quoique, enfin, vous ayez pensé faire, il nous la faut à nous, cette sainte, nous la demandons, nous l'attendons, et nous l'aimerions aussi, mais pas dans l'appareil encombrant que vous avez médité pour

elle, pas sur l'autel — ou dans le tombeau
— que vous lui avez préparé.

Si cela est vrai d'un personnage d'importance, comment ne jugerons-nous pas la plupart des livres consacrés, je ne dis pas à de moindres saints, mais à des existences plus courtes et, en apparence, plus ordinaires. Franchement, ici, nous avons passé toute mesure. Quel manque absolu de proportion entre le héros et le monument qu'on lui élève, quelles banalités, quelle fade abondance de gloses pseudo-pieuses pour arriver à faire un livre là où déjà la brochure eût été de trop !

Je sais les causes touchantes de ces illusions d'optique. Souvent c'est une amitié désolée qui veut reprendre à la mort le plus possible de celui ou de celle qui sont partis avant le temps. Un enfant meurt au collège, un jeune fille au noviciat, et l'exquis travail de légende, commencé pendant les mois de la maladie, reprend son essor au lendemain de la première détresse. La mort a sacré ces jeunes fronts. Un reflet de leur auréole illumine soudain les années obscures, les vertus réelles que jusqu'ici l'uniformité de la vie commune avait voilées. Il est si facile, il est si doux, il est si juste ce culte posthume qui compense pour les oublis ou les négligences d'autrefois et qui se développe ainsi, non pas faussant, mais spiritualisant, de plus en plus, l'image de nos morts. Bientôt quelqu'un se présente, un ami, un confident. Il veut dire son affection, propager de beaux exemples, fixer une image déjà fuyante, consoler des parents qui pleurent. Il cherche, il demande. De tous côtés, on lui répond. Lettres, notes de retraite, premiers vers, les papiers s'accumulent sur sa table. Hélas, hélas ! le livre s'achève. Il a sa préface, l'introduction d'un prélat notoire ou d'un académicien complaisant, mais, de grâce, ne l'ouvrez pas, vous qui avez entendu célébrer la grâce précoce de cette jeune sœur, la générosité de cet enfant. Des lettres, comme tout le monde en peut écrire, des résolutions que tous nous avons cru prendre, des vers que nous aurions pu faire, non, non, ne lisez pas ce livre. Restez-en à la première page, à cette photographie, décevante elle aussi, mais beaucoup moins que ces phrases vaines et, dans ce regard, et sur ces lèvres, tâchez de recueillir le précieux et court message que l'enfant, que la novice avait à nous dire et qu'un maladroit biographe a noyé dans trois cents pages d'insignifiance et d'ennui.

Car, pour le message pris en lui-même je ne me pardonnerais pas de paraître le négliger. Non, je ne demande pas qu'on méprise la voie lactée pour quelques constellations de premier ordre, qu'on réduise la vie des saints à quelques biographies essentielles et qu'on dédaigne la plus humble des âmes que le doigt de Dieu a touchées. Certes, le *hero-worship*, surtout quand il s'adresse aux héros de la grâce, est, peut-être, la plus excellente des disciplines morales, et d'ailleurs, si je pouvais employer ce vilain mot en une si délicate matière, je dirais qu'on ne démocratisera jamais trop l'histoire de la sainteté. Mais précisément, c'est là le grand reproche qu'on voudrait avoir le droit de faire à nos modernes biographes. Quand ils consacrent ainsi de gros volumes à des personnages secondaires, qu'ils y pensent ou non, ils essaient par là de conférer à leur héros des lettres de noblesse, ils le mettent, sans plus, au rang des Vincent de Paul et des Augustin. Le public ne s'y trompe pas. Il a bientôt jugé et condamné votre entreprise. Pour lui le blason est suspect, la façade trop fastueuse. Il n'entrera pas dans la maison. Encore un coup, c'est un malheur, car ce luxe de parvenu cachait une sainteté de bon aloi, mais simple, mais roturière, tout au plus bourgeoise. Pourquoi lui avez-vous appris les belles manières, l'avez-vous affublée de tant d'ornements ? Ses amies d'autrefois ont de la peine à la reconnaître ; les indifférents se détournent d'elle. C'est une *vie de saint, non legitur*. Qu'on me passe une autre image. Il y a des fleurs des champs trop petites, trop frêles pour qu'on songe à les cueillir. Dans l'herbe pourtant, les unes à côté des autres, elles ont, non pas une beauté — ce mot est trop gros pour elles — mais une grâce, une fraîcheur, un commencement de parfum. Au lieu de les prendre une à une et de les déprécier en les isolant, découpez une bande du gazon où se pressent ces menues merveilles ; respirez le tout ensemble, fleurs et brins d'herbe, sans les distinguer et comme un bouquet qu'une main plus délicate que les nôtres a lié pour nous.

Ces fleurs qui, séparées de leurs sœurs, fragiles comme elles, en un instant, seraient flétries, nous suggèrent une transition lumineuse. En effet, si, d'une part, on devrait empêcher dans l'intérêt même de ceux qu'elles prétendent célébrer, une surproduction de biographies particulières, si, d'autre part, historiens de la grâce ou simples fidèles, nous avons droit à ce qu'on nous livre aussi complet que possible le trésor de la sainteté commune et moins éclatante, que reste-t-il sinon qu'on substitue des études d'ensemble aux monographies détachées, et qu'au lieu de ces gros volumes consacrés à un personnage unique, on nous donne l'histoire sainte d'une ville, d'une paroisse, d'un collège, d'un couvent, d'une institution, d'une province. En vérité, la chose n'est pas nouvelle. Gerbes de légendes, *prés spirituels*, vies des Pères du désert, *vitæ fratrum*, annales, ménologes, les curieux de psychologie religieuse savent bien quelles délicieuses surprises les attendent à chaque fois qu'ils reviennent à ces livres oubliés. Oubliés, oui, c'est le sort des vieilles choses, et pour celles-ci on a dépensé beaucoup d'argent, de temps, d'encre et de maladresse à nous les rendre plus chères. J'ai lu, ou du moins essayé de lire bon nombre des biographies consacrées aux religieuses du siècle dernier, presque tous ces livres m'ont paru fades auprès des *Mémoires* de la mère de Chaugy sur les premières visitandines. Le temps n'est peut-être pas encore venu de reprendre l'œuvre hagiographique de Montalembert, mais, en attendant, qui ne voudrait que dom Besse ou un de ses frères se donnât le loisir d'écrire l'histoire intime des moines d'Orient ? Faute de réclame, et sans doute aussi, parce que les dissertations ascétiques envahissent trop ce livre admirable, les études du P. Danzas sur les *Temps primitifs de l'ordre de saint Dominique* ne

sont pas connues, goûtées comme elles
le méritent. Enfin le succès, de lecture
et d'influence, n'a-t-il pas récemment
montré qu'on avait été bien inspiré de
réunir en un seul ouvrage de courtes
notices sur de jeunes chrétiens morts à
l'ennemi pendant la campagne de l'indé-
pendance pontificale et la guerre de 1870 ?
Qui ne voit que ces héros gagnent à
être ainsi présentés dans le rang et côte
à côte, et que les remplissages néces-
saires d'une biographie plus copieuse
auraient fait s'évaporer le parfum de
ces nobles vies ?

Ce n'est donc pas leur archaïsme qui
donne tant de prix aux livres que je
rappelais tantôt, mais la méthode simple,
saine et forte qui a obligé l'hagiographe

à ramasser en quelques pages les traits
caractéristiques, les paroles originales
en un mot tout ce qui a fait saillie dans
la mémoire des contemporains ; tout
cela et rien que cela. Un ou deux traits,
une ou deux paroles, après tout, la vie
du plus grand nombre, passée au crible
du temps, ne garde souvent pas autre
chose. Un peintre du début du XIX° siècle, dans une supplique où il énumérait
ses titres à je ne sais quelle faveur, disait
peut-être avec modestie, peut-être avec
fierté : « C'est moi qui ai dessiné le javelot de Tatius dans les *Sabines* du grand
David. » Il avait raison. Ce javelot, ac-
croché à l'œuvre d'un autre, est toute
sa gloire. Ainsi de la foule des saints
ou, pour parler exactement, des saints

de la foule. Eux non plus n'ont souvent pas de quoi couvrir une cimaise bien étendue ; un de ces actes de charité qui laissent entrevoir des profondeurs de tendresse, une pensée ingénieuse ou brillante jaillie brusquement de toute une suite de méditations obscures, enfin un de ces éclairs qui montrent l'âme. Parfois, souvent, l'éclair fut si court que le plus acharné biographe aura dû renoncer à tirer de là même un fantôme de brochure. Tant pis pour le biographe et tant mieux pour nous. Voilà précisément, si nous voulons en reprendre la tradition, le chapitre d'un de ces livres que je vantais tout à l'heure. Ils peuvent être si courts, ces chapitres, et, grâce à eux, la mémoire d'une âme sainte servirait pour longtemps à notre édification et à notre joie. Je n'ai sous la main, à l'heure où j'écris ces lignes dans la bibliothèque d'un couvent dévasté, qu'un incunable italien avec ce titre enchanteur : *Vita di santi Patri vulgare hystoriata*. La simple colonne des matières est un délice. Ouvrons au hasard. Nous sommes au milieu du livre III. Au-dessus d'un petit chapitre, le xviie, brille ce titre prestigieux : *De l'abate Zenone e d'altri abati : De l'abbé Zénon et d'autres abbés*. Cela ne remplit pas tout à fait la moitié d'une page. Quelle leçon, et quelle ironie si on compare ce chapitre à tant de livres qui ne savent pas finir.

Quelques pères étant allés voir l'abbé Lucius, celui-ci leur demanda : « Que faites-vous ? »

Ils répondirent : « Nous autres, nous ne travaillons pas de nos mains, mais, comme veut l'Apôtre, nous prions sans cesse. — Ah ! reprit-il, vous ne mangez donc pas ? — Mais oui, nous mangeons. — Alors, comment vous arrangez-vous pour prier tout en mangeant ? » Ils ne surent que répondre et gardèrent le silence. Le saint revint à la charge. « Vous dormez aussi ? — Oui. — Alors, comment vous arrangez-vous pour prier tout en dormant ? » Ils ne surent pas davantage que répondre. L'abbé continua : « Pardonnez-moi, mais votre conduite ne s'accorde pas avec vos paroles. Pour moi, voici ce que je fais. Tout en travaillant des mains, je récite le *Miserere* ; mon travail fini et vendu, j'en donne l'argent aux pauvres, ne me réservant que le nécessaire. Puis, pendant que je mange et que je dors, les bons pauvres prient Dieu pour moi et c'est comment je prie sans cesse. »

Il y a encore un petit miracle de l'abbé Amon, ce qui fait trois abbés par demi-page, et tranquillement l'auteur commence son XVIII° chapitre avec ces mots aux longues perspectives : *De uno frate negligente e d'altri.*

Maintenant, il est clair que si l'abbé Lucius avait vécu de nos jours, on aurait trouvé dans ses papiers de quoi fournir un volume. En serions-nous plus avancés ? J'ai peur que non, et peut-être aussi, dans l'ennuyeux détail de sa vie, aurions-nous risqué de perdre cet *instantané* qui seul nous importe, ce regard bonhomme et malin, ce bon cœur, la ferme foi et la poésie de cette réponse.

Sans doute, tous les chapitres ne seraient pas nécessairement aussi courts. Rien

d'élastique comme le plan de pareils ouvrages. L'essentiel est d'être quitte du
souci de combler les vides, l'unique règle
est de ne cueillir que l'exquis. Oh ! l'admirable chapitre que je me chargerais de
faire, dans l'histoire du Carmel contemporain, si je résumais en cinquante pages
le gros volume qu'on a consacré récemment à une jeune sœur, morte en odeur
de sainteté. Quelques lettres de cette
âme charmante, quelques notes intimes,
sont d'une jeunesse, d'une grâce, d'une
charité incomparables. Jugez plutôt :

Une sainte religieuse de la communauté avait
autrefois le talent de me déplaire en tout. Le
démon s'en mêlait... Je m'appliquai à faire
pour cette sœur ce que j'aurais fait pour la personne que j'aime le plus. Je sentais bien que

cela réjouissait grandement mon Jésus, car il
n'est pas d'artiste qui n'aime à recevoir des
louanges de ses œuvres, et le divin artiste des
âmes est heureux lorsqu'on ne s'arrête pas à
l'extérieur, mais que pénétrant jusqu'au sanctuaire intime qu'il s'est choisi pour demeure, on
en admire la beauté... Quand j'avais la tentation
de lui répondre d'une façon désagréable, je m'em-
pressais de lui faire un aimable sourire, es-
sayant de détourner la conversation, car il est dit
dans l'Imitation qu'il vaut mieux laisser chacun
de son sentiment que de s'arrêter à contester.
Quand le démon me tentait violemment et que je
pouvais m'esquiver sans qu'elle s'aperçût de
ma lutte intime, je m'enfuyais comme un soldat
déserteur... Sur ces entrefaites, elle me dit un
jour d'un ton radieux : « Ma sœur, voudriez-
vous me confier ce qui vous attire tant vers
moi ? Je ne vous rencontre pas que vous me
fassiez le plus gracieux sourire. » Ah ! ce
qui m'attirait, c'était Jésus caché au fond de

son âme, Jésus qui rend doux ce qu'il y a de plus amer (1).

Elle continue :

Je me souviens d'un acte de charité que le bon Dieu m'inspira étant encore novice. De cet acte, tout petit en apparence, le Père céleste qui voit dans le secret, m'a déjà récompensée sans attendre l'autre vie.

C'était avant que ma sœur St-Pierre tombât tout à fait infirme. Il fallait le soir, à 6 heures moins dix minutes, que l'on se dérangeât de l'oraison pour la conduire au réfectoire. Cela me coûtait beaucoup de me proposer, car je savais la difficulté ou plutôt l'impossibilité de contenter la pauvre malade. Cependant je ne voulais pas manquer une si belle occasion, me souvenant des paroles divines : « Ce que vous aurez fait

(1) *Sœur Thérèse de l'Enfant-Jésus.* Histoire d'une âme. Librairie Saint-Paul.

au plus petit des miens c'est à moi que vous
l'aurez fait. »

Je m'offris donc bien humblement pour la
conduire, et ce ne fut pas sans mal que je par-
vins à faire accepter mes services. Enfin, je me mis
à l'œuvre avec tant de bonne volonté que je réus-
sis parfaitement. Chaque soir, quand je la voyais
agiter son tablier je savais que cela voulait dire :
Partons !

Prenant alors tout mon courage, je me levais,
et puis toute une cérémonie commençait. Il
fallait remuer et porter le banc d'une certaine
manière, surtout ne pas se presser, ensuite la
promenade avait lieu. Il s'agissait de suivre cette
bonne sœur en la soutenant par la ceinture ; je
le faisais avec le plus de douceur qu'il m'était
possible, mais si par malheur survenait un faux
pas, aussitôt il lui semblait que je la tenais mal
et qu'elle allait tomber. — « Ah ! mon Dieu !
vous allez trop vite, je vais m'briser ! » Si j'es-
sayais alors de la conduire plus doucement : —

« Mais suivez-moi donc, je n'sens pas votre main, vous m'lâchez, j'vais tomber !... Ah ! j'disais bien que vous étiez trop jeune pour me conduire. »

Enfin, nous arrivions sans autre accident au réfectoire. Là, surgissaient d'autres difficultés. Je devais installer ma pauvre infirme à sa place et agir adroitement pour ne pas la blesser ; ensuite, relever ses manches, toujours d'une certaine manière, après cela je pouvais m'en aller.

Mais, je m'aperçus bientôt qu'elle coupait son pain avec une peine extrême ; et, depuis, je ne la quittais pas sans lui avoir rendu ce dernier service. Comme elle ne m'en avait jamais exprimé le désir, elle resta très touchée de mon attention, et ce fut par ce moyen, nullement cherché, que je gagnai entièrement sa confiance, surtout — je l'ai appris plus tard — parce qu'après tous mes petits services, je lui faisais, disait-elle, « mon plus beau sourire ».

Voici plus menu encore mais non pas moins charmant :

Vous étiez malade depuis plusieurs jours, — elle s'adresse à sa supérieure — un matin, je vins tout doucement remettre à votre infirmerie les clefs de la grille de communion... au fond je me réjouissais d'avoir cette occasion de vous voir, mais je me gardais bien de le faire paraître. Or l'une de vos filles animée d'un saint zèle crut que j'allais vous éveiller et voulut discrètement me prendre les clefs. Je lui répondis le plus poliment possible que je désirais autant qu'elle ne point faire de bruit, et j'ajoutai que c'était mon droit de rendre les clefs. Je comprends aujourd'hui qu'il eut été plus parfait de céder tout simplement, mais je ne le comprenais pas alors et voulus entrer à sa suite, malgré elle.

Bientôt le malheur redouté arriva, le bruit que nous faisions vous fit ouvrir les yeux, et toute la faute tomba sur moi ! La sœur se hâta de prononcer un discours dont le fond était ceci — c'est ma sœur Thérèse de l'Enfant Jésus qui a fait le bruit. — Je brûlais du désir de me défendre, mais heureusement il me vint une idée lumineuse : je me dis que certainement si je commençais à me justifier j'allais perdre la paix de mon âme ; de plus que ma vertu étant trop faible pour me laisser accabler sans rien répliquer, je devais choisir la fuite pour dernière planche de salut. Je partis... mais mon cœur battait si fort qu'il me fut impossible d'aller loin et je m'assis dans l'escalier pour jouir en paix des fruits de ma victoire.

C'est exquis et on trouverait sans peine plusieurs autres pages aussi suaves, mais pourquoi faut-il qu'aux premières éditions déjà trop chargées, on ait cru devoir ajouter tout un bagage poétique que seuls des cœurs prévenus peuvent admirer. Sans doute, le livre, tel quel, a eu du succès, mais j'ai peur qu'on ne s'en lasse bien vite, qu'au premier coup d'œil la vue de certaines pages médiocres ne donne le change aux esprits pressés, et que bientôt la charmante figure ne s'efface et ne disparaisse. Enchâssée dans la légende d'argent du XIXᵉ siècle, elle aurait vécu toujours.

Il va sans dire que le cadre de ces recueils ne serait pas forcément uniforme. Il y a vingt façons de grouper les chapitres de cette légende. L'histoire d'un sanctuaire ne se raconte pas comme les annales d'une maison d'éducation, le ménologe d'un monastère comme les souvenirs d'une paroisse. Mais enfin

partout où la vie chrétienne aurait eu
l'occasion de s'épanouir, on voudrait voir
venir un amateur des choses de l'âme,
un narrateur simple et sincère s'arrêtant
pieusement sur les traces à peine sensi-
bles des plus humbles saints. Pourquoi
nous résignons-nous ainsi à ne rien
savoir de cette poussière de légende ?
Moins fastueuse que la légende dorée,
moins remplie de phénomènes merveil-
leux, elle n'en serait, à bien des égards,
que plus attachante. C'est la sainteté de
tous les jours, celle qui vit à côté de
nous et que nous frôlons au passage,
celle qui nous a souri et tendu la main,
celle dont le prêtre le plus imparfait a
reçu, en rougissant, les confidences,
celle enfin qui parfois peut-être, à

l'heure où toutes les apologétiques semblent vaines, nous a rendu la foi aux réalités invisibles et à la présence de Dieu. On trouve tout naturel que les savants entreprennent de coûteux voyages en vue de retrouver un débris d'inscription antique ou une médaille effacée. Les saints, les saints perdus dont je parle méritent bien au moins la même curiosité, le même travail. Et ce travail, conçu à la façon que je viens de dire, tout le monde peut y concourir. Noter ses expériences personnelles, les souvenirs de prédication, de direction, ces questions, ces réponses, ces riens qui nous ont fait toucher du doigt le passage de la grâce, quel prêtre trouverait la besogne inutile ou trop fatigante? Toute

notre action, toute notre vie sérieuse
n'a pas d'autre but que de mettre en
contact Dieu et les âmes, quoi de plus
simple que de recueillir en quelques
mots le souvenir de ces divines rencon-
tres ? On oublie si vite les plus belles
choses. Je voudrais demander à chaque
prêtre : « Voyons, en toute bonne foi,
pourriez-vous rendre, vous, un témoignage personnel à l'activité incessante
de la grâce, avez-vous vu Dieu à l'œuvre
dans les âmes qui vous sont confiées, et
si enfin toutes les autres preuves du
christianisme venaient à s'effondrer,
vous, continueriez-vous à croire, parce
que « vous avez vu » ? Combien, pris à
l'improviste, seraient peut-être décon-
certés par cette question et empêchés d'y

répondre ! Ah ! je sais bien, il y a les grands saints du passé, il y a ce nuage d'or qui couvre ce que nous appelons ingénument « les âges de foi ». Pauvre foi, vraiment, si elle peut ainsi vieillir comme une littérature ou une école artistique ! Ceux qui ont regardé de tout près les âmes savent bien que les saints ne manquent pas à l'Église d'aujourd'hui. Pour plusieurs d'entre nous c'est là un fait d'évidence. Mais ni le grand public ni même les chrétiens fidèles ne soupçonnent cette vérité. Il serait temps qu'on travaillât d'une manière efficace — non pas à l'affirmer — c'est peine perdue, mais à la rattacher à une longue et solide chaîne d'expériences. Les prêtres et les défenseurs d'une religion vivante ne doivent pas permettre qu'on dise que leurs seules « raisons de croire » sont dans le passé.

Sens. — Société Nouvelle de l'Impr. Miriam, 1, rue de la Bertauche.

www.ingramcontent.com/pod-product-compliance
Ingram Content Group UK Ltd.
Pitfield, Milton Keynes, MK11 3LW, UK
UKHW020045100726
13658UKWH00004B/1548